BEI GRIN MACHT SICH IHR WISSEN BEZAHLT

- Wir veröffentlichen Ihre Hausarbeit, Bachelor- und Masterarbeit

- Ihr eigenes eBook und Buch - weltweit in allen wichtigen Shops

- Verdienen Sie an jedem Verkauf

Jetzt bei www.GRIN.com hochladen und kostenlos publizieren

Julia Uhlitzsch

Alternative Trainingsmethoden: Ein Überblick

GRIN Verlag

Bibliografische Information der Deutschen Nationalbibliothek:

Die Deutsche Bibliothek verzeichnet diese Publikation in der Deutschen National-
bibliografie; detaillierte bibliografische Daten sind im Internet über http://dnb.d-
nb.de/ abrufbar.

Impressum:

Copyright © 2013 GRIN Verlag GmbH
Druck und Bindung: Books on Demand GmbH, Norderstedt Germany
ISBN: 978-3-656-50718-5

Dieses Buch bei GRIN:

http://www.grin.com/de/e-book/231951/alternative-trainingsmethoden-ein-ueber-
blick

GRIN - Your knowledge has value

Der GRIN Verlag publiziert seit 1998 wissenschaftliche Arbeiten von Studenten, Hochschullehrern und anderen Akademikern als eBook und gedrucktes Buch. Die Verlagswebsite www.grin.com ist die ideale Plattform zur Veröffentlichung von Hausarbeiten, Abschlussarbeiten, wissenschaftlichen Aufsätzen, Dissertationen und Fachbüchern.

Besuchen Sie uns im Internet:

http://www.grin.com/

http://www.facebook.com/grincom

http://www.twitter.com/grin_com

Stiftung Universität Hildesheim
Institut für Sportwissenschaft
Marienburger Platz 22
31141 Hildesheim

Alternative Trainingsmethoden

Ausarbeitung

Literaturverzeichnis

1. Einleitung

Die vorgelegte Arbeit bildet die Ausarbeitung eines Referats im Rahmen des Seminars *Sportartspezifische Aspekte der Trainingslehre*. Der Schwerpunkt wurde hierbei auf „Alternative Trainingsmethoden" gelegt, die bereits seit einigen Jahren Sportlern sowie Trainern geläufig sind. Die Ausarbeitung hat sich zum Ziel gesetzt, grundlegende Inhalte des Referats aufzunehmen und durch weiterführende Aspekte zu ergänzen

Zunächst werden hierfür die theoretischen Grundlagen genauer dargelegt. Um deutlich zu machen, auf welches Verständnis sich diese Arbeit stützt, werden die Termini *konventionell* und *alternativ* voneinander abgegrenzt.

Anschließend werden die alternativen Trainingsmethoden *Vibrationstraining, Elektromyostimulation (EMS), Sling Training* und *Life Kinetik* genauer beleuchtet. Im vorgegebenen Rahmen dieser Arbeit ist es realisierbar, auf Beispiele von alternativen Trainingsmethoden einzugehen, nicht aber die Gesamtheit alternativer Trainingsformen aufzuzeigen.

Im Zusammenhang mit den vorgestellten Beispielen erfolgt schlussendlich eine Diskussion, die versucht zu klären, ob eine alternative Trainingsmethode sich heilsam auf eine Verletzung des deutschen Fußballspielers Mario Götze hätte auswirken können.

2. Begriffsklärung: konventionell versus alternativ

Um herauszustellen, welche Bedeutung dem Adjektiv *alternativ* im Zusammenhang mit Trainingsmethoden zukommt, werden im Folgenden die Wortbedeutungen von *konventionell* und *alternativ* dargestellt.

konventionell: "herkömmlich" oder "in bewährter Art und Weise"[1]

alternativ: „eine andere, zweite Möglichkeit darstellend"; „im Gegensatz zum Herkömmlichen stehend"[2]

3. Alternative Trainingmethoden

3.1 Vibrationstraining

Vibrationstraining erfreut sich immer mehr wachsender Beliebtheit und hat sich sowohl im medizinischen Bereich als auch im Breitensport zu einem Trend entwickelt.

Die Geschichte des Vibrationstrainings beginnt schon zu Beginn des 18. Jahrhunderts, als der französische Arzt Abbé de Saint-Pierre feststellte, dass sich u.a. Melancholiekranke nach einer längeren Kutschfahrt besser fühlten. Durch die unebenen Straßen wurden die Insassen der Kutsche in Schwingung gebracht und verspürten eine deutliche Linderung ihrer Krankheitssymptome (Beutler, 2011). Daraufhin entwickelte de Saint-Pierre einen mechanischen Wackelstuhl, den Vorreiter der heutigen Vibrationsplatten.

Vibrationstraining kann einem unter folgenden Bezeichnungen noch begegnen: *Whole Body Vibration (WBV), Biomechanische Stimulation (BMS), Rhythmische Neuromuskuläre Stimulation (RNS) oder Hypergravity Training (HT)*. Für das Vibrationstraining sind spezielle Geräte erforderlich, die bei bestimmten Frequenzen schwingen.

---

[1] http://flexikon.doccheck.com/de/Konventionell
[2] http://www.duden.de/rechtschreibung/alternativ

Meist wird ein Vibrationstraining mittels Vibrationsplattformen durchgeführt, die vorwiegend die Muskulatur der unteren Extremitäten sowie des Rumpfes stimulieren (vgl. Rittweger et al. 2002, S. 1829). Auf der Platte kann der Sportler hierfür eine Vielzahl verschiedener Übungen machen, die darüber hinaus mit weiteren Trainingsgeräten wie zum Beispiel Hanteln erweitert werden können.

Abb. 1 http://community.powerplate.com/?p=4210

Das Prinzip der überlagernden Vibrationsbelastung basiert auf einer gesteigerten Rekrutierung und Aktivierung von motorischen Einheiten, die durch die Auslösung eines zyklischen Muskeldehnungsreflexes hervorgerufen wird (vgl. Luo et al. 2005, S. 28; vgl. Jordan et al. 2005, S. 460; vgl. Kardinale & Wakeling 2005, S. 586). Resultierend aus der Abfolge von Dehnung und Verkürzung wird der Muskeldehnungsreflex überlagert und führt so zu einer anhaltenden Kontraktion eines Muskels, dem so genannten „tonischen Vibrationsreflex" (vgl. Luo et al. 2005, S. 28; vgl. Jordan et al. 2005, S. 460; vgl. Kardinale & Wakeling 2005, S. 586).

Die mechanische Übertragung der Vibrationen über eine Vibrationsplattform wird dabei mit einer bestimmten Amplitude, die meist zwischen einem und fünf

Millimeter liegt und einer Frequenz zwischen 20 und 50 Hertz durchgeführt (vgl. Luo et al. 2005, S. 28; vgl. Jordan et al. 2005, S. 460; vgl. Kardinale & Wakeling 2005, S. 586). Durch die Anwendung eines Vibrationstrainings wird in der angespannten Muskulatur eine gesteigerte Aktivierung und eine hohe Ausbelastung erreicht (vgl. Luo et al. 2005, S. 28; vgl. Jordan et al. 2005, S. 460; vgl. Kardinale & Wakeling 2005, S. 586). Infolgedessen können Kraftzuwächse realisiert werden, die denen eines klassischen Krafttrainings entsprechen (vgl. Luo et al. 2005, S. 28; vgl. Jordan et al. 2005, S. 460).

Im Gegensatz zu klassischen Methoden des Krafttrainings besteht bei der Durchführung eines Vibrationstrainings kein erhöhtes Verletzungsrisiko, darüber hinaus wurden in bisherigen Studien keine nennenswerten Nebenwirkungen im Rahmen eines solchen Trainings beobachtet. Die Intervention und die Art Ihrer Anwendung weist folglich keine erhöhte Gefahr für das Auftreten von Nebenwirkungen auf. Lediglich ein kurz anhaltendes Gefühl von Schwindel im Rahmen der ersten Trainingseinheiten, eine Rötung von Teilen der unteren Extremitäten sowie ein Gefühl von „Kribbeln" in den trainierten Körperregionen wird selten von Trainierenden berichtet (vgl. Kerschan-Schindl et al. 2001, S. 379; vgl. Rittweger et al. 2002, S. 137).

Ein weiterer Vorteil des Vibrationstrainings ist, dass nur ein Bruchteil des Zeitaufwandes, der für ein klassisches Krafttraining notwendig wäre, erforderlich ist. Signifikante Effekte können schon mit dem Absolvieren von zwei bis drei Trainingseinheiten pro Woche mit je drei bis vier Sätzen à 30 bis 120 Sekunden (etwa 10-15 Minuten pro Trainingseinheit) erreicht werden, während ein klassisches Krafttraining mindestens zwei Trainingseinheiten à 30 bis 45 Minuten verlangt.

Bei der Durchführung eines Vibrationstrainings findet die Stimulierung der Muskulatur jedoch reflektorisch und damit unabhängig von Willkür und Motivation statt, wodurch ein Mindestmaß an Effektivität gewährleistet werden kann.

Es kann ein positiver Einfluss auf regenerative Prozesse erwartet werden, wenn ein Vibrationstraining, Bruttotrainingszeit 5 bis 10 Minuten, direkt im Anschluss an einem Wettkampf oder eine Trainingseinheit durchgeführt wird. So kann beispielsweise ein aufgrund von intensiver körperlicher Belastung auftretender Muskelkater, mit den üblichen Symptomen wie Schmerzen, Schwellungen, erhöhter Druckempfindlichkeit oder muskulärer Steifheit, deutlich in seiner Intensität reduziert werden

Grundsätzlich ist das Training auf einer Vibrationsplatte für den menschlichen Körper nicht schädlich. In einigen Fällen ist von Vibrationstraining grundsätzlich abzuraten. Diese sind:

- Akute Entzündungen oder Infektionen
- Akute Gelenkerkrankungen, sowie Arthrose und akute rheumatolde Arthritis
- Schwere Diabetes
- Epilepsie
- Gallensteine
- Gelenkimplantate
- Herzklappenkrankheiten
- Herz- und Gefäßkrankheiten
- Herzrhytmusstörungen
- Herzschrittmacher oder Spirale
- Nierensteine
- Bandscheibenschaden (Diskopathie) und Spondylolyse
- Tumore
- Frlsche Infektionen
- Schwangerschaft
- Schwere Migräne
- Frische Operations- und offene Wunden

(http://www.powrx-fastfit.de/index.php/35.html)

Für die Zukunft kann das Vibrationstraining als Ergänzung zum konventionellen Krafttraining gesehen werden. Vibrationstraining eignet sich sehr gut, um kurz und effektiv zu trainieren, ersetzt jedoch nicht ein vollwertiges Krafttraining

3.2 Elektromyostimulation (EMS)

EMS versteht sich als eine gezielte Verstärkung körpereigener elektrischer Reize mittels Elektrostimulation. Während des Trainings werden Übungen ausgeführt welche durch einen elektrischen Impuls begleitet werden. Dadurch erfährt der Muskel eine zusätzliche Spannungserhöhung und eine daraus resultierend erhöhte Frequentierung und Rekrutierung der intramuskulären Muskulatur und eine effektive Reizsetzung. Durch die hohe Frequenz der Reize ist der Zeitintervall zwischen einzelnen Reizen nicht mehr lang genug, um eine signifikante Senkung der Muskelspannung zuzulassen. Dieser Zustand kann, je nach Muskelfasertyp, bei einer Frequenz von 15 bis 33 Hertz erreicht werden. Voraussetzung hierfür ist eine entsprechende Stromstärke, die motorisch schwellig beziehungsweise überschwellig (auftretende Muskelkontraktion) sein muss (vgl. Münker & Froböse 2003). Allerdings stoßen viele Menschen bei einer solchen Stromstärke bereits an ihre jeweilige Toleranzgrenze (vgl. Ambrosio et al. 2009). Prinzipiell können mit dieser Methode die Maximal-, Schnellkraft- und Kraftausdauerfähigkeit der stimulierten Muskulatur verbessert werden (vgl. Schnabel et al. 1998).

Abb. 2 http://www.shapetec-fitness.com/img/ems_2.jpg

Durch Elektromyostimulation erzielbare Adaptionen finden vor allem in der intra- und intermuskulären Koordination sowie im strukturellen Bereich statt. Kraftzuwächse können langfristig auch über eine Muskelhypertrophie und/ oder Muskelhyperplasie erfolgen.

Wie beim Vibrationstraining ist das EMS-Training ein Ganzkörpertraining. Die Aktivierung von Agonist und Antagonist verläuft beim EMS-Training ebenfalls synchron. Das EMS-Training wird ohne zusätzliche Gewichte durchgeführt. Daher ist das Training mittels EMS schonender für Gelenke und den Bewegungsapparat als konventionelles Krafttraining. EMS ist eine zeitsparende Alternative zum konventionellen Krafttraining.

3.3 Sling Training

Die alternative Trainingsmethode des „Sling Training" definiert sich aus dem englischen Wort *sling*, was *Schlinge* bedeutet, und wird synonym zum amerikanischen Begriff „Suspension Training" verwendet, wobei hier durch das Wort *suspension* (=*Schwebe*) auf den Schwebezustand des Körpers in den Übungen Bezug genommen wird. Eine erweiterte Erläuterung bzw. Beschreibung dieser Trainingsmethode findet sich in folgender Definition wieder:

„Sling Fitness Training (amerik. Suspension Training), auch bekannt als Schlingentraining, beschreibt ein neuartiges und wirkungsvolles Trainingssytem [sic], das mit dem eigenen Körpergewicht gegen den Widerstand der Schwerkraft durchgeführt wird. Trainiert wird mit einem speziellen Gurtsystem (dem Sling Trainer), das mit Schlingen und Griffen ausgestattet ist. Diese nutzt der Trainierende, indem er sich während der Übungen daran abstützt oder reinhängt. Das Sling Fitness Training bietet die Möglichkeit[,] den ganzen Körper hinsichtlich Kraft, Koordination, Stabilität und Beweglichkeit effektiv zu trainieren. Somit liefert diese Trainingsmethode ein komplettes Workout mit nur einem Trainingsgerät und kann damit den lästigen Gang ins Fitnessstudio ersetzen" (http://www.variosling.de/de/sling-trainer-info.html).

Neben der Arbeit mit dem eigenen Körpergewicht beruht das Sling Training auf dem *Prinzip der Instabilität*. Dieses resultiert daraus, dass bei Übungen mit dem Slingtrainer ein Teil des Körpergewichts verlagert wird und somit die Seile bzw. Schlingen in Schwingung gebracht werden. Damit nicht das Gleichgewicht verloren wird, kämpft der Körper dagegen an, um wieder Gleichgewicht zu erlangen. Es soll also die (Körper-) Stabilität wiederhergestellt werden (vgl. http://slingtrainer.de/slingtraining/).

„Das Besondere ist, dass der Körper auch sensomotorisch trainiert wird. In der Sportwissenschaft spricht man von einem punctum fixum – dem Punkt, an dem das Gerät befestigt ist – und einem punctum mobile. Durch den punctum mobile – in diesem Falle sind das die herabhängenden Gurte bzw. Seile – wird im Körper eine Instabilität erzeugt, die er automaisch auszugleichen versucht. Um dies zu bewerkstelligen, aktiviert er tiefer liegende Muskelschichten, die wir bewusst und durch herkömmliche Kraftgeräte nur schwer erreichen können. Diese Muskeln, Sehnen und Bänder sind für die Stabilisierung der Gelenke in jeglicher Position verantwortlich, unterstützen die Wirbelsäule, formen unsere Figur und erhöhen den Grundumsatz" (Westenbaum, 2012).

Bei diesem Gegenarbeiten – der Körper möchte das in die Seile abgegebene Gewicht kompensieren – entsteht der sogenannte *Stabilisierungsreflex*. Um Stabilität herzustellen, aktiviert der Körper kleine, gelenknahe Muskeln, die *lokalen Stabilisatoren*. Diese machen den Rumpf stark und stabil (vgl. http://slingtrainer.de/slingtraining/).

Exemplarisch für eine genauere Darstellung dieser alternativen Trainingsmethode soll eine detaillierte Beschreibung einer Übung mit diesem Trainingsgerät stehen. Dabei handelt es sich um die Übung „Trizeps zur Stirn", die primär die Arme, hierbei insbesondere den Trizeps, und die Schulter sowie sekundär den Bauch und die Beine trainiert (vgl. http://www.slingfitness.de/de/uebungen/sling-trainer/sling-training-uebungen-brust/item/sling-training-arme-trizeps-zur-stirn.html?category_id=509).

slingfitness.de   slingfitness.de

Abb.3:http://www.slingfitness.de/de/uebungen/sling-trainer/sling-training-uebungen-brust/item/sling-training-arme-trizeps-zur-stirn.html?category_id=509

Das linke Bild zeigt die Ausgangsposition, das rechte die Endposition der Bewegung. Zunächst ist der Körper nach vorne gelehnt und die Arme sind ebenfalls nach vorne und parallel zum Boden gestreckt. Die Handflächen zeigen dabei nach unten. In der ersten Bewegung werden die Arme im Ellenbogengelenk gebeugt und der Kopf nähert sich den Händen an. Das Ellenbogengelenk bleibt auf Schulterhöhe. Nun befindet sich der Körper in der Endposition (siehe rechtes Bild). Die Arme sind dabei ca. 90° gebeugt und die Hände neben dem Kopf positioniert. Die Ellenbogen sind auf Schulterhöhe und die Handflächen zeigen nach vorne. Die Füße sind nur noch mit dem Fußballen aufgesetzt. Jetzt kann die Bewegung zur Ausgangsposition erfolgen, indem die Arme in den Ellenbogen gestreckt werden und der Körper aufgerichtet wird (vgl. ebd.).

Abschließend werden mögliche Einsatzgebiete des Sling Training sowie Vor- und Nachteile dieser Trainingsmethode aufgezeigt. Wissenschaftliche Studien belegen, dass das Sling Training nicht nur eine echte Trainingsalternative zum konventionellen Fitnessstudio darstellt, sondern darüber hinaus auch beispielsweise gegen Arthrose eingesetzt werden kann, wie eine Studie aus dem Jahr 2003 beweist: „Einer Studie des National Taiwan University Hospitals zufolge steigern Übungen mit dem Sling Trainer die Propriozeption in den Gelenken und verspricht eine schmerzfreie Bewegung im Alltag" (http://www.slingfitness.de/de/suspension-training/suspension-trainingwissenschaftliche-studien/354-mit-sling-training-gegen-arthrose.html). Es

11

wurde herausgefunden, dass „Übungen mit dem Sling Trainer (..) den Stoffwechsel am Gelenk [fördern], (..) unterstützende Muskelkraft [aufbauen] und (..) die Steuerungsfunktion der Gelenke [erhalten], sodass der Knorpel entlastet wird" (ebd.). Zudem gibt es u.a. Untersuchungen zur Verbesserung der Gleichgewichtsfähigkeit sowie der Anwendung im Profifußball. Ein Vorteil des Sling Training liegt nämlich darin, dass die Flexibilität der Schlingen ganze Bewegungsabläufe ermöglicht. Außerdem erfolgt eine Kräftigung der Muskeln und allgemein der Muskelkoordination. Das stetige Arbeiten gegen die Schwerkraft durch die instabile Lage in den Schlingen führt dazu, dass die Tiefenmuskulatur trainiert wird.

Nachteilig kann jedoch angeführt werden, dass es insbesondere bei untrainierten Personen zu Verletzungen an Muskeln, Knochen und vor allem Gelenken führen kann, sodass mit leichten Übungen begonnen werden und eine Intensitätssteigerung langsam vonstatten gehen sollte.

3.4 Life Kinetik

Life Kinetik ist eine neuere Trainingsform, die nicht alltägliche, koordinative, kognitive und visuelle Aufgaben beinhaltet. Der Name der Methode kann als „Bewegung (*Kinetik*) fürs Leben (eng. *life*)" übersetzt und interpretiert werden. Denn diese Trainingsmethode folgt nicht dem Prinzip, Übungen so lange zu trainieren, bis eine Automatisierung der Bewegungen eintritt, vielmehr soll das Gehirn durch ständig variierende Aufgaben herausgefordert und damit auch der Spaßfaktor erhöht werden. Ziel von Life Kinetik ist dabei die Entstehung neuer Verbindungen (Synapsen) im Gehirn, denn je mehr Verbindungen angelegt sind, desto höher ist die Leistungsfähigkeit einhergehend mit der Konzentrationsfähigkeit. Die neuen Verbindungen entstehen deshalb besonders schnell und gut, da die zu absolvierenden Aufgaben zusammen nicht in der Realität auftreten und neuartig sind (vgl. http://www.lifekinetik.de/).

Die folgende Übung (Der Linienhopser) soll beispielhaft die koordinative Herausforderung und mögliche Variation (auch im Schwierigkeitsgrad) der Übungen zeigen.

Abb.4: *Linienhopser – belebt Ihr Gedächtnis*
(http://www.brigitte.de/figur/fitness-fatburn/figur-fatburn/fitness-lifekinetik-uebungen-kopf-gehirn
567890/3.html#a0)

Die Basisübung besteht beim Linienhopser darin, dass man zunächst mit beiden Beinen über die Linie springt, mit dem rechten Bein hinter der Linie landet und darauf sofort wieder vor die Linie zurückspringt, jetzt aber mit dem linken Bein landet. Beim folgenden Sprung vorwärts soll auf beiden Beinen gelandet werden, sodass drei Bewegungen schnell hintereinander gekoppelt werden müssen. Variationen können hierbei in dem Wechsel der Beine oder einer gewissen Rhythmisierung der Sprünge bestehen. Diese Übungen zielen letztendlich darauf, die Sprünge hintereinander zu absolvieren und gleichzeitig einen Ball hoch zu werfen (vgl. http://www.brigitte.de/figur/fitness-fatburn/figur-fatburn/fitness-lifekinetik-uebungen-kopf-gehirn-567890/3.html#a0). Hierbei wird also sowohl eine gleichzeitige Koordination der Bewegungen (Auge-Bein-Koordination) als auch eine Auge-Hand-Koordination in Form des Hochwerfen des Balles geschult.

Da nicht zuletzt anhand des Beispieles deutlich wurde, dass diese Trainingsmethode variierende Bewegungsaufgaben beinhaltet und verlangt, sind auch ihre Anwendungsfelder vielfältig. Wirkungen von Life Kinetik lassen sich sowohl im Sport als auch in der Schule bzw. dem Beruf feststellen. Hierzu zählen beispielsweise Stressreduzierung, Zunahme der räumlichen Wahrnehmung und Orientierung, elegantere und harmonischere Bewegungsausführung von schwierigen Bewegungsaufgaben, Verbesserung der Gleichgewichtsfähigkeit, Steigerung der Auge-Hand- sowie Auge-Bein-Koordination. Zudem fällt das

Lernen leichter und wird auch schneller abgerufen, Lesen, Rechtschreibung und die Koordination verbessern sich, plötzlicher Wechsel von Aufgaben im Berufsalltag wird erleichtert und die allgemeine Multi-Tasking-Fähigkeit erhöht sich (vgl. Lutz & Bauer, S. 4, verfügbar unter http://www.lifekinetik.de/fileadmin/pdf/LifeKinetik-Prospekt-2009.pdf).

Übergeordnet kann hier die Studie von Feltes (2011) dienen, der in einer Gruppe von 53 Schülern (Alter 11 bis 12 Jahre) mit 27 vier Wochen lang an allen Schultagen ein fünfminütiges Life-Kinetik-Training durchführte. Wie die Abbildungen (S. 6) hervorbringen, zeigten die Schüler, die mit Life Kinetik gearbeitet hatten, signifikant höhere koordinative als auch kognitive Leistungen und damit eine größere Verbesserung im Nachtest in Relation zum Vortest als die Kontrollgruppe ohne Life Kinetik.

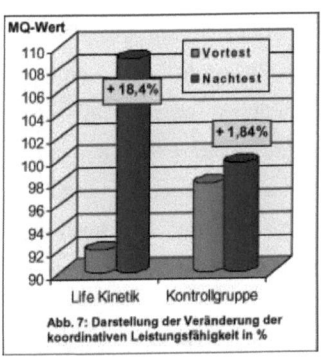

Abb. 7: Darstellung der Veränderung der koordinativen Leistungsfähigkeit in %

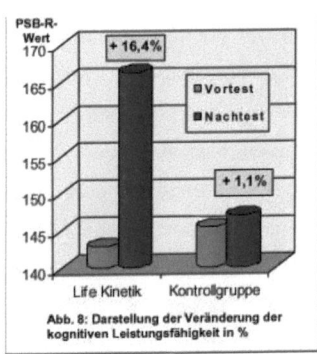

Abb. 8: Darstellung der Veränderung der kognitiven Leistungsfähigkeit in %

Abb.5: *Darstellung der Veränderung der koordinativen und kognitiven Leistungsfähigkeit in %* (http://www.lifekinetik.de/wissenschaftliche-zusammenfassun.html)

Um all die angesprochenen positiven Effekte zu erlangen, umfassen die Übungen im Rahmen der Life Kinetik die Trainingsbereiche des Trainings der flexiblen Körperbeherrschung, des visuellen Systems sowie der kognitiven Fähigkeiten. Diese Bereiche, die zusammen mit ihren Inhalten im Folgenden tabellarisch zusammengefasst wurden, decken sich also letztendlich auch mit der Erfolgsformel von Life Kinetik: Bewegung + Wahrnehmung + Gehirnjogging (flexible Körperbeherrschung + visuelles System + kognitive Fähigkeiten) = mehr Leistung.

Training der flexiblen Körperbeherrschung	Training des visuellen Systems	Training der kognitiven Fähigkeiten
→ Bewegungswechsel: Rascher Wechsel zwischen Bewegungen ohne Stocken	→ Augenfolgebewegung: Die Augen problemlos vertikal, horizontal und diagonal bewegen	→ Arbeitsgedächtnis: Mehr Optionen können parallel vorgehalten und schneller ausgewählt werden
→ Bewegungskette: Koppelung mehrerer einfacher Teilbewegungen	→ Sehbereich: Die Größe des Blickfeldes und die räumliche Wahrnehmung werden verbessert	→ Auffassungsgabe: Eingehende Signale werden schneller erkannt und zugeordnet
→Bewegungsfluss: Fortsetzen einer laufenden Bewegung trotz plötzlicher Zusatzaufgabe	→ Augenfokussierung: Die Einschätzung von Entfernungen und Geschwindigkeiten gelingt besser	→ Wissenszugriff: Gespeichertes Wissen wird auch in schwierigen Situationen schneller abgerufen

Tab.1:   Trainingsbereiche   (vgl.   Lutz   &   Bauer,   S.   3,   verfügbar   unter
http://www.lifekinetik.de/fileadmin/pdf/LifeKinetik-Prospekt-2009.pdf)

4. Die Diskussion: Der Fall Mario Götze

In dieser Diskussion wird der Fall des offensiven Mittelfeldspielers Mario Götze behandelt. Dazu soll die Frage diskutiert werden, ob eine alternative Trainingsmethoden sich heilsam auf die Verletzung des deutschen Fußballers hätte auswirken können, und wenn ja, welche Methoden dazu hilfreich gewesen wären. Dazu soll vorerst eine Fallbeschreibung getätigt werden, in welcher der Fußballer, seine Verletzung und die damalige Situation vorgestellt werden soll. Daraufhin werden Vibrationsmethode, Sling Training, EMS und Life Kinetik auf Nützlichkeit speziell in diesen Fall basierend untersucht, um schlussendlich Trainingsempfehlungen für die Physiotherapie und den möglichst schnellen Muskelaufbau aussprechen zu können.

Die Fallanalyse:

Mario Götze ist ein 21 jähriger Fußballprofi, der in der Saison 2012/2013 die Fußballschuhe für Borussia Dortmund schnürte. Dort wurde er als Dreh- und Angelpunkt des Offensivspieles des deutschen Meisters von 2011 und 2012 bezeichnet. Nachdem der BVB in der Champions League-Saison 2011/2012 bereits in der Vorrunde als Tabellenletzter ausschied, kämpften sich die Dortmunder im darauffolgenden Jahr von Erfolg zu Erfolg durch quer Europa. Ein Highlight war sicherlich im Halbfinale der 4:1-Sieg gegen Real Madrid im heimischen Westfalenstadion. Trotz der 0:2-Niederlage im Rückspiel konnte der BVB dank des besseren Torverhältnisses in das Champions League-Finale einziehen. Dieser Finaleinzug musste jedoch durch eine Verletzung von Mario Götze teuer bezahlt werden. Bereits nach einer Viertelstunde musste der deutsche Nationalspieler mit Verdacht auf einen Muskelfaserriss ausgewechselt werden, um nur wenige Tage später zu erfahren, dass sich der Verdacht auf den Riss der Muskelraser bestätigte und lediglich knapp 25 Tage verblieben, um am 25.05.2013 beim Champions League-Finale mitwirken zu können. Besonders brisant dabei: Der Gegner der Borussia aus Dortmund hieß dabei FC Bayern München, der große Rivale der vergangenen zwei Jahre. Und ausgerechnet dieser FC Bayern München nutzte eine Ausstiegsklausel in dem Vertrag von Mario Götze, um dieses Mittelfeldjuwel für die nächsten Jahre in München zu verpflichten.[3]

Die Verletzung:

Mario Götze zog sich im linken Oberschenkel einen Muskelfaserriss zu. So ein Riss ist dabei gravierend schlimmer für einen Sportler, als ein Muskelkater oder eine Muskelzerrung, jedoch weniger schlimm als ein ganzer Muskelriss. Besonders bei Sportarten mit hohem Anspruch an die Schnellkraft, bei denen ständiges Beschleunigen und Abstoppen verlangt wird, treten diese Verletzungen besonders häufig auf. Akute Belastung und starke Beanspruchung des Muskels sorgen für eine Ermüdung, bei denen einzelne Fasern anschließend reißen können. Reißen dabei weniger als 5% der betroffenen Muskelfasern, so ist von einer Muskelzerrung die Rede, welche auch als Muskelfaserriss ersten Grades bezeichnet werden kann.

Der Muskelfaserriss zweiten Grades zeichnet sich dadurch aus, dass deutlich mehr Muskelfasern durchtrennt wurden und es bei hoher Belastung zu krampfartigen Schmerzen im betroffenen Bereich kommen kann. Der Muskelriss

---

[3] http://www.spiegel.de/sport/fussball/champions-league-dortmunds-mario-goetze-erleidet-muskelfaserriss-a-897535.html

dritten Grades bezeichnet die vollständige Trennung eines Muskels, wodurch ein vollständiger Funktionsverlust des Muskels einsetzt.

Bemerkbar macht sich der Riss durch einen starken einschießenden und stechenden Schmerz und starke Einschränkung in der Bewegungsfreiheit. Es bilden sich zu Beginn lediglich leichte Schwellungen, weshalb es von außen schwer ist, einen Muskelfaserriss zu erkennen. Häufig kommt es jedoch anschließend auch zu starken Blutergüssen, da Blut aus den verletzten Kapillaren in das Gewebe strömt. Wenn die Muskelfaszie bei dem Riss jedoch keine Schäden davon trägt, wird sich auch ein Bluterguss nicht bilden.[4]

Ärzte behandeln den Riss der Muskelfaser vorwiegend konservativ, bei besonders schwerwiegenden Fällen ist auch ein operativer Eingriff nicht ausgeschlossen. Besonders wichtig zur vollständigen Wiederherstellung ist der Verzicht von anfangs mittlerer und hoher, später hoher Belastung des betroffenen Beines. Bei der Erstversorgung sollte unmittelbar nach der Verletzung mit der PECH-Regel ein hohes Austreten von Blut aus den verletzten Kapillaren verhindert werden. Das beinhaltet das Pausieren, Kühlung durch Eis, Kompressen anlegen und Hochlagern des Beines. Für gewöhnlich kann nach rund drei bis sechs Wochen nach der Verletzung, bei Operationen etwa drei Monate nach dem Eingriff wieder mit leichtem Training begonnen werden.

Die alternativen Trainingsmethoden und ihr Nutzen in diesem Fall

Sling Training:

Zur Erholung des verletzten Muskels kann das Sling Training keinesfalls eingesetzt werden. Die Belastung durch das Prinzip der Instabilität mit dem eigenem Körpergewicht kann besonders bei zu frühem Einsatz der Muskelverletzung eher schaden, als sie auszukurieren. Gerade das Verletzungsrisiko an Knochen, Gelenken und, in diesem Fall besonders Fatal, den Muskeln ist zu beachten, weshalb das Sling Training nicht der Regeneration dienen kann.

Anders sieht es bei dem Muskelaufbautraining aus. Ist eine vollständige Regeneration des betroffenen Muskels abgeschlossen, so kann durch dem Sling

---

[4] http://www.joggen-online.de/lauftraining/sportverletzungen/muskelfaserriss.html

Training versucht werden, möglichst schnell die Kräftigung des Muskels und der Muskelkoordination zu erreichen. Kann Mario Götze schmerzfrei trainieren, ist daher das Sling Training als alternative Trainingsforum durchaus zu empfehlen.

Life Kinetik:

Das Life Kinetik dient der Leistungsverbesserung durch Kopplungen von verschiedenen Bewegungen. Dabei können zwar sowohl kognitive Fähigkeiten als auch flexible Körperbeherrschung verbessert werden, das Training bietet jedoch weniger Vorteile im speziellen Aufbau eines Muskels, weder zur Erholung, noch zur Wiederherstellung des ursprünglichen Zustandes.

Da bei dem Muskelfaserriss insbesondere das betroffene Bein nicht belastet wird, leidet dieses besonders unter dem Verlust von Belastung, welches sich durch Muskelschwund bemerkbar macht. Life Kinetik ermöglicht nun keine Verbesserung dieses Bereiches, sondern verhilft zur ausgeprägten Bewusstheit über den eigenen Körper, wodurch Bewegungen verbessert werden. Dazu braucht diese alternative Trainingsmethode jedoch ein Mindestmaß an trainiertem Zustand, da es eher der Perfektion von Bewegungen durch den kognitiven Bereich bewirkt, statt den Muskel zu trainieren, um schneller oder kräftiger zu werden. Daher ist für Mario Götze weder zur vollständigen Regeneration noch zum schnellen Muskelaufbau Life Kinetik zu diesem Zeitpunkt und diesem Zweck empfehlenswert. Da das Ziel lautet, in kurzer Zeit möglichst den vorherigen Muskelzustand wiederherzustellen und dabei regenerativ als auch muskelaufbauend zu arbeiten, sollte der Fokus des Trainings auf anderen Methoden liegen.

Das Vibrationstraining:

Nachdem Life Kinetik nicht empfohlen werden konnte und das Sling Training nur zum schnellen Muskelaufbau dient, statt bereits bei der Regeneration unterstützend zu wirken, möchte ich nun diskutieren, ob das Vibrationstraining uneingeschränkt und zu jeder Zeit empfohlen werden kann.

Tatsächlich dient das Vibrationstraining nicht nur dem Muskelaufbau, sondern kann durch die Schwingungen die Durchblutung stimulieren und dadurch die Regeneration des Muskels unterstützen. Doch die Gefahr einer zu großen

Belastung des angeschlagenen Muskels liegt bei dieser alternativen Trainingsmethode vor, weshalb mit Fingerspitzengefühl gearbeitet werden muss und dabei unterschieden werden sollte, ob das Training dem Muskelaufbau oder der Regeneration dient. Die Gefahr ist deshalb so groß, da die Arbeit mit einem Vibrationstraining bis zu 100% der Muskelfasern beanspruchen kann.

Zu Beginn sollten daher Übungen ohne Belastung genutzt werden, wie das Auflegen der Beine auf das Gerät während der Körper daneben flach auf dem Boden liegt, um das Bein mit den Vibrationen sanft zu stimulieren, jedoch nicht zu beanspruchen.

Wenn der Faserriss dann verheilt ist, kann mit langsamem Aufbautraining begonnen werden. Auch hier ist das Vibrationstraining besonders empfehlenswert, da die Belastungsintensität und Belastungsdauer sehr simpel durch Körperhaltung und Intensität der Vibration reguliert werden kann.

Das Vibrationstraining sollte demnach in diesem Fallbeispiel definitiv, wenn auch mit Bedacht, genutzt werden.

EMS:

Die Elektro Muskel Stimulation ist nun die abschließende alternative Trainingsmethode, die ich zur Wiedergenesung von Mario Götze diskutieren möchte. Durch sanfte und kontrollierte elektronische Stromschläge wird der Muskel stimuliert und arbeitet dementsprechend durch externe Reize. Da ich nach einer Verletzung bereits Erfahrung mit der elektrischen Stimulation eines Muskels machen konnte, kann ich besonders positiv die Möglichkeit der Regulierung hervor heben. Durch das Einstellen der Stromstärke, die durch den Muskel geleitet wird, kann akkurat und umsichtig die Intensität gesteigert werden, wenn dies denn möglich scheint. Durch das Stimulieren arbeitet nicht nur der Muskel, wodurch auch Verhindert werden soll, dass die Muskelkraft zu sehr abnimmt. Auch die Durchblutung kann durch anfänglich leichte Stromschläge gefördert werden.

Ist der Muskel wieder soweit gefestigt, dass er höheren Belastungen Stand hält, dann kann mit stärkeren Stromschlägen gearbeitet werden. Dabei kann auch ein aktives Training in Verbindung mit der elektronischen Muskelstimulation genutzt werden, um im Vergleich zum konservativen Training möglichst schnell den Muskel wieder zur vorherigen Stärke zu trainieren.

Fazit:

Während sich Life Kinetik im Fall der Verletzung von Mario Götze überhaupt nicht eignet, haben sich besonders die Elektro Muskel Stimulation und das Vibrationstraining zur Behandlung der Verletzung und zum Trainieren nach der Regeneration empfohlen. Das Sling Training konnte sich dabei nur bedingt empfehlen und bei einer Nutzung nach einem Muskelfaserriss sollte darauf geachtet werden, dass der Riss vollständig verheilt ist, um kein unnötiges Risiko einzugehen. Dadurch konnten sich die alternativen Trainingsmethoden mindestens als Ergänzung zu dem herkömmlichen Training beweisen.

Und an dieser Stelle noch ein kleiner Vergleich zu dem Erholungs- und Trainingsprogramm, welches Götze über sich ergehen lassen musste:

Wie die „Bild" erfuhren hat, tätigte Mario Götze drei Tage lang nach der Verletzung keinerlei Belastung. Lediglich mit Massagen wurde die Durchblutung gefördert, wodurch die betroffenen Fasern schneller verheilen sollten. Eine alternative zu den Massagen wäre dabei auch

Nach diesen drei Tagen konnte er leichtes Aquajogging betreiben, erhielt Lymphdrainage, um auch die Durchblutung weiterhin zu fördern, und bekam eine Elektro-Therapie, „bei der die Muskeln mit Strom stimuliert werden". [5]

Tatsächlich wurde also wenigstens eine alternative Trainingsmethode genutzt, um die Regeneration zu unterstützen, wenn gleich diese auch vermutlich in einem passiven Training ohne weitere Anspannung genutzt wurde.

---

[5] http://www.bild.de/sport/fussball/borussia-dortmund/so-wird-goetze-fit-fuers-finale-30243102.bild.html

Literaturverzeichnis

Ambrosio, F; Kadi, F; Lexell, J; Fitzgerald, GK; Boninger, ML; Huard, J (2009): The Effect of Muscle Loading on Skeletal Muscle Regenerative Potential: An Updateof Current Research Findings Relating to Aging and Neuromuscular Pathology, In: *American Journal of Physical Medicine & Rehabilitation*, 88 (2), S. 145-155.

Beutler, M. (2011). *Handbuch Vibrationstraining. Schwingen Sie mit.* (2. Auflage). Leipzig: Draksal Fachverlag, S. 11-20.

Feltes, F. (2011). Entwicklung und Durchführung eines Konzeptes zur Verbesserung der motorischen und kognitiven Fähigkeiten durch Bewegungspausen - Integration von Life Kinetik-Übungen in den Unterricht einer 6. Klasse. Examensarbeit zur zweiten Staatsprüfung für das Lehramt an Schulen ZfsL Vettweiß (unveröffentlicht).

Jordan, M.J.; Norris, S.R.; Smith, D.J.; Herzog, W. (2005). Vibration Training: An Overview Of The Area, Training Consequences, And Future Considerations. In: *Journal of Strength and Conditioning Research*,19, S. 459–466.

Kardinale, M.; Wakeling, J. (2005). Whole body vibration exercise: Are Vibrations good for you? In: British Journal of Sports Medicine, 39, S. 585–589.

Kerschan-Schindl K.; Grampp S.; Henk C.; Resch H, Preisinger E.; Fialka-Mosc, V.; Imhof, H. (2001). Whole-body exercise leads to alterations in muscle blood volume. In: *Clinical Physiology*, 21, S. 377–382.

Luo, J.; McNamara, B.; Moran, K. (2005). The Use of Vibration Training to Enhence Muscle Strength and Power. In: *Sports Medicine*, 35, S. 23–41.

Münker, H; Froböse, I (2003): Physikalische Therapie. In: Froböse, I., Nellessen, G.,Wilke, C. (Hrsg.) (2003): Training in der Therapie- Grundlagen und Praxis (S. 239-246). München & Jena: Urban und Fischer Verlag.

Rittweger, J., Beller, G., Felsenberg, D. (2002). Acute physiological effects of exhaustive whole-body vibration exercise in man. In: *Clinical Physiology*, 20, S. 134–142.

Schnabel, G., Harre, D., Borde, A. (2. Auflage 1998): Trainingswissenschaft. Leistung. Training. Wettkampf. Berlin: Sportverlag.

Wünsch, Michael (2012): Statisches vs. Dynamisches Training auf Vibrationsplatten – Ein Methodenvergleich zur Steigerung der Sprungkraftfähigkeit. Hildesheim: o.V..

Internet:

letzter Zugriff am 08.08.1988

http://community.powerplate.com/?p=4210

http://www.powrx-fastfit.de/index.php/35.html

http://www.shapetec-fitness.com/img/ems_2.jpg

letzter Zugriff am 06.08.2013

http://slingtrainer.de/slingtraining/

http://www.brigitte.de/figur/fitness-fatburn/figur-fatburn/fitness-lifekinetik-uebungen-kopf-gehirn-567890/3.html#a0

http://www.lifekinetik.de/

http://www.lifekinetik.de/wissenschaftliche-zusammenfassun.html

http://www.meingedaechtnis.de/life-kinetik.html

http://www.slingfitness.de/de/

http://www.slingfitness.de/de/suspension-training/suspension-training-wissenschaftliche-studien.html

http://www.slingfitness.de/de/suspension-training/suspension-training-wissenschaftliche-studien/354-mit-sling-training-gegen-arthrose.html

http://www.slingfitness.de/de/uebungen/sling-trainer/sling-training-uebungen-brust/item/sling-training-arme-trizeps-zur-stirn.html?category_id=509

http://www.variosling.de/de/sling-trainer-info.html , letzter Zugriff am 06.08.13.
Lutz, H. & Bauer, J.. Life Kinetik – einfach und genial. sportlich · spaßig · sensationell. Verfügbar unter http://www.lifekinetik.de/fileadmin/pdf/LifeKinetik-Prospekt-2009.pdf

Westenbaum, H. (2012). Keine Angst vor Schlingentraining. In: *Metabolic Balance*. Ausgabe 01/2012. Verfügbar unter http://www.variosling.de/de/sling-trainer-info/presse.html